독서하는 소녀

김은정 시화집

독서하는 소녀

김은정 시집

시인의 말

독서의 기쁨

은행은 은행책을
사과는 사과책을
나비는 나비책을
마녀는 마녀책을
나는 시집을 읽으면서

'책방' 독서 동아리에 참여했다

열 달 후, 가을에
우리는 제 키만큼의 문집을 내었다

차례

시인의 말   5

1부

소망이	13
친구	15
창세	18
중동으로 가라	20
사랑에게로	23
김홍도미술관에서	24
안산천	27

2부

무동舞童 33
내가 너를 사랑한다 35
매정하게 매정하게 아주 매정하게, 사랑하게 38
까치섬 이야기 40
가난한 영혼의 노래 42
노적봉 개구리 습지에 사는 친구들 43
엄마복음 46
돌아온 탕자 49
박연경 상담사 51
사슴과 동자 53
안산의 꽃들 55

3부

먼 바다	59
성호박물관	61
알락해오라기	63
내 영혼아	65
엄마의 먼 길	66
눈길	67

4부

최용신 언니의 유언	71
샘골강습소	73
흙 돌 배	74
대부도 포도밭 이야기	75
노적봉 둘레길	77
독서하는 소녀	79
대부도에서의 하루	82

5부

독서하라	89
성호의 세 가지 바람	91
성호의 편지	94
자애	97
성호의 기쁨 1	99
성호의 기쁨 2	101
성호의 기쁨 3	103
성호의 기쁨 4	105

| 명시감상 |

김은정의 「독서하는 소녀」,
「김홍도미술관에서」에 대하여 | **반경환**   109

1부

- 일러두기

  페이지의 첫줄이 연과 연 사이의 띄어쓰기 줄에 해당할 경우 > 로 표시합니다.

소망이

병이 좀 오래 간다
왜 이렇게 아프지?

서재에 들어와 보니 내 친구
거미가 날 빤히 쳐다본다

소망아, 나한텐 아무도 없어
너뿐이야

그 순간 소망이가
내 몸 한가운데로 쑥 들어와
등불을 켜고
집을 짓기 시작한다, 이 가을에

독서종자의 집

친구

소망이도 나밖에 없다고 한다

우주의 숲에 들어와
단 하나의 친구를 찾았는데
나뿐이란다

내가 널 알아,

둘이 서재에서
책 속에 몸을 맡기고
개울물처럼 졸졸졸 흐르며
책을 읽었는데
시냇물처럼 재잘재잘
토론을 했는데
노시인의 말에 감동해서

풀벌레처럼 울었는데

병에 놓여서 건강해진 나,

우리는 책 속에서
책벌레처럼 산다

창세

 소망이가 내 손을 꼭 잡고 빛이 생겨라 말했다 물과 물 사이를 갈라놓아라 말했다 과일 나무를 돋게 하여라 말했다 세상에나, 우리가 만든 첫날에 어리둥절해하는 아침이 아름다웠다 나는 소망이 안에 있다 하느님도 보시니 좋았다고 한다

중동으로 가라

그 낙타가 걷는다
새로운 길이다
어제의 괴로움은 어제로 족해,

낙타가 춤춘다
밤이면 낙타는 모스크 지붕에 앉아서
이국의 자장가를 불러준다

달과 별을 벗 삼아 마을의
온갖 궂은 소문을 듣는다
하느님이 맺어주신 땅
그는 중동에 살고 있다

지금 인더스 강물이
밀려오고 밀려간다

낙타의 따듯한 말씀 안에서
우리도 그 안에 있다

사랑에게로

어쩌면
어쩌면
우리는
하느님의 때에
모두 손 꼬옥 잡고
벅찬 사랑을
절대 손 놓치지 않으려고
단숨에
단번에
지금에 여기에 온 것 아닐까?
사랑의 한몸으로
한분에게로
지금 여기에

김홍도미술관에서

조선에 핀 목화솜이
닥종이가 되어
조선의 예술혼을
조선의 선한 사람들을
금빛 틈새로
보여주는 미술관

그림 신선과
어린아이와
호랑이와 사슴이
즐겁게 춤을 추는 곳

단원을 따라
금상산을 걷는 아랍인
강희명을 따라

비파를 뜯는 사슴을
오래 지켜보면

목화송이, 송이 내려오듯이
안산을 덮는
닥종이의 눈부신 빛
솜이불 같은

닥종이의
자애의 빛

안산천

이른 아침에
물의 안색을 살펴보러 갔다

밤새 평안했나요?
달빛에 차지는 않았나요?

물과 물이 서로를 마주보며
수평을 잡는 아침인사

반월공단의 대문이 활짝 열리도록
안산역의 곤줄박이가 파르르 날개를 떨도록
큰 물길이 안산역의 다문화거리로
흘러들어가 굽이치도록

서두르지 않으나 성실하게

낮고 외롭고 고고한
우리의 안산천

2부

무동 舞童

성포주공 10단지 앞의 빨강우체통이 춤을 추기 시작한다

덩더쿵 덩더쿵, 우체통 아이의 발목이 날렵하게 휜다

새벽에 기억교실을 다녀온 길고양이가 큰 북을 두들기며 한껏 흥을 돋운다

성포동을 흔들어놓는 춤사위에 어망을 손보다가 춤추러 오는 조선의 부두의 뱃사람들

빛으로 타오르는 아이의 춤, 무동

고요하게 온전하게 몸을 돌려 저 멀리 인더스강물에 가 닿은 어여쁜 아이의 곱은 발

내가 너를 사랑한다

내가 너를 사랑한다
중동의 어디에 잘 있는지 몰라도

내가 너를 사랑한다
피를 나눈 형제가 아닐지라도

내가 너를 사랑한다
천 년을 기다릴 만큼

내가 너를 사랑한다
아무 때나 어디서나 널 지킬 만큼

정말 사랑할 수 없어도
사랑할 만큼

\>

서쪽의 모래사막에서

낙타의 길을 걸을 수밖에 없어도
내가 너를 사랑한다

매정하게 매정하게 아주 매정하게, 사랑하게

화살나무야,
네가 준 이별

매정하게 매정하게
아주 매정하게, 자신의 목숨을 버리고

처음 마주친 사랑이라서
단번에 물결 친 슬픔이라

매정하게 매정하게 아주 매정하게

낙타의 야자나무
그 아래의 기도매트처럼
모래의 기도를
훑고 지나면서, 어째서

\>

이토록 그리워야하나? 당신을

이토록 간절하게
사랑하게, 당신의 영혼을
사랑하게

까치섬 이야기

 무더운 여름날, 아버지는 농사에 지쳐서 소나무에 기대어 허리를 굽히셨다 그때 큰 구렁이가 나타나서 아버지를 휘감아 대부도 숲속으로 끌고갔다 정신을 잃은 아버지는 허공에 들어가 제 영혼을 보았는지, 별들의 친구가 되었는지 이제 별들의 피가 흐르는 아버지

 집으로 돌아온 아버지는 어제의 기억으로 오늘의 귀를 닫지도 않았고 내일에 대한 기대로 까치들이 물어다주는 머루, 다래를 저울에 달아보지도 않았다 다만 추수한 곡식을 까치들의 먹이로 남겨두었다 그러자 이웃 섬의 까치들, 이웃나라 까치들까지 아버지의 별을 찾아서 안산으로 열심히 몰려왔고, 안산은 다문화 도시로 세워졌다

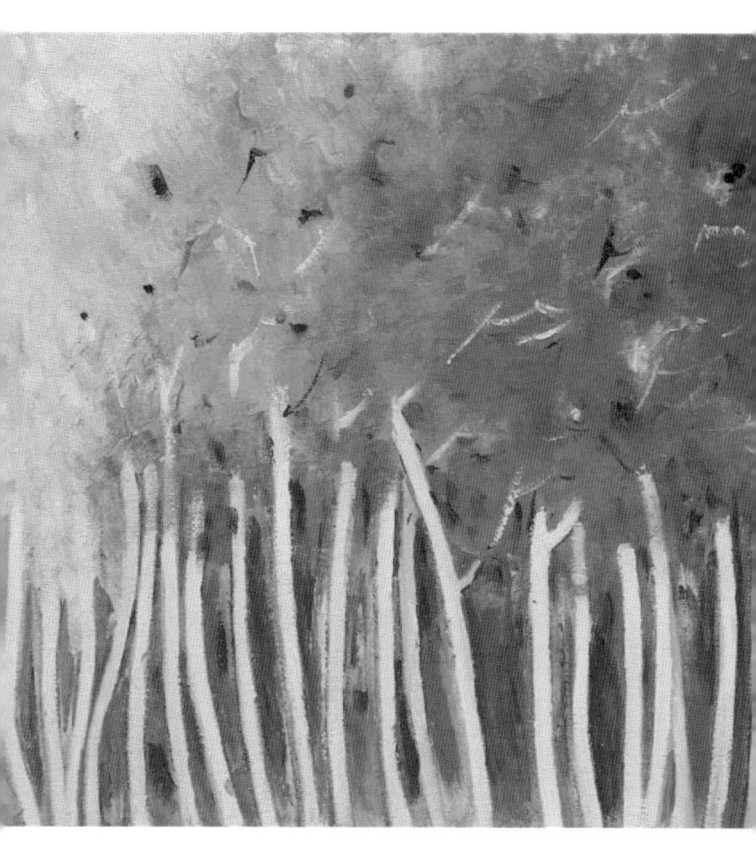

가난한 영혼의 노래

가난하다고 한강을 모르겠는가
물로 고층을 쌓는 뜨악한 일을
돛단배의 길을 철로에 들어 올린 일을
왜 가난하다고 모르겠는가

낙동강, 금강에 녹조가 든 일을
숨은 영혼이라고 모르겠는가
강을 빼앗긴 수달의 죽음을
난바다로 돛대 올리는
접시꽃의 기개를
가난하다고 모르겠는가

노적봉 개구리 습지에 사는 친구들

나는 나는 개구리밥

노적봉에 사네

소주 반병 값 떨어지면

노적봉 샘터의

부들에게 찾아가서

빌어먹으면서

나는

산에 산에 사네

일용할 양식은

부처님 같은

고사리한테서 빌어먹고

밤이면 연수련과

달을 명상하며

\>
산에 산에
더 그리운
산동네 친구
물수련의 노래를
풍성풍성
밤이면 꿈마다 들으면서

나는
산에 산에 사네

엄마복음

물 안의 불
불 안의 물

엄마의 가게에선
자주 물불이 헷갈린다

물불 안 가리는 서천김
물불 못 가리는 안산단무지
물불 잘 모르는 해남시금치

낳은 고통마저 잊어버린
엄마의 40년 식칼 좀 봐!

기른 괴로움을 모르는
엄마의 40년 김밥발도 있어

\>

정말 쉽고 간단한

살아있는 복음

엄마복음

돌아온 탕자

내가 안 보인다
그동안 나라고 믿었던 몸이, 세상이
모두 사라졌다
생각도 마음도 사라졌다
나는 무엇인가?
내 목소리를 듣지도 못하고
내 눈으로 보는 건 칠흑 같은 어두움뿐이다
다만 한 숨결을 느낄뿐이다
눈부신 내 자리를 들여다보니
나는 눈부신 영혼이다
나는 하느님이다
아니, 이게 뭐지?
거대한 침묵에 숨은 영혼
지금 여기에
몸이 있기 전에 내가 있다

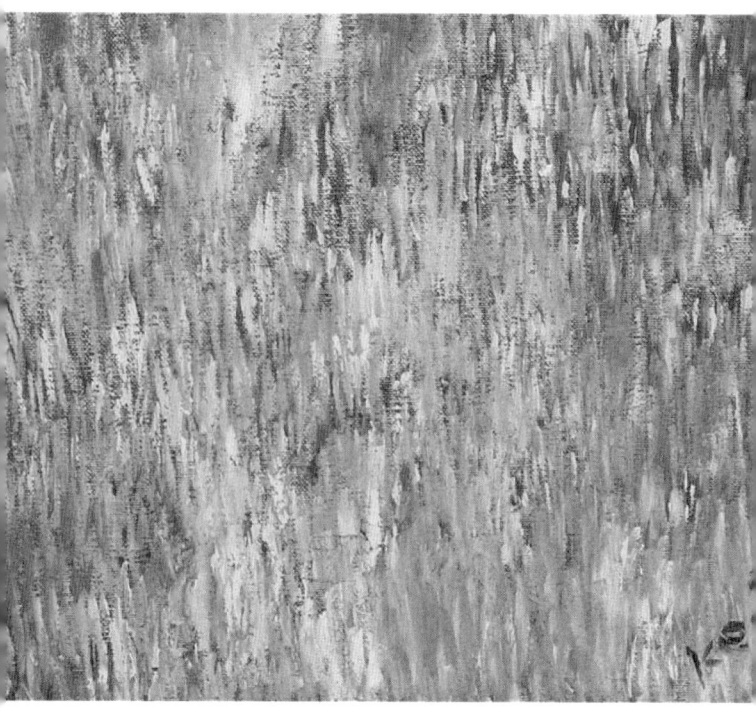

박연경 상담사

'니 팔자다, 니 업보여, 카르마다, 꼴 좀 봐!' 이런 말 대신 박연경 상담사가 해 준 말

"정말 얼마나 힘들었을까요!" 그 멋진 말을 안고 문득 뒤돌아보니 어둔 하늘 아래서 혼자였던 내가 결코 혼자가 아니었다

우리는 너무 가까이 있다 우리는 삶이라는 전쟁을 했으니 그녀의 말대로 나는, 그녀는 참, 얼마나 힘들었을까요! 우리 참 잘 살아왔다 험한 세상 전체가 우리 영혼으로 빛나는 날이다

사슴과 동자*

사슴아, 우리 함께 살자!

상한 백일홍 줄기를 일으켜 세우는 봄날에 큰 가지를 뻗으니 어떤 둥지보다 커지는 하늘의 새들이 깃드는 여기, 안산에서

하늘길 오르내리는 퉁소 불며 천년이 흐른 듯 만년이 흐른 듯 상록수의 푸른 리듬 속에서

한배를 탄 형제애로 사슴뿔은 높게 세우고 그 해에 누가 떠난 바다 어디쯤에 번지고 스민 먹빛에 빛나는 우리 영혼을 그리워하면서

* 김홍도 그림

안산의 꽃들

 화랑유원지의 정자에서 바둑을 두시느라 서로의 손등에 살뜰한 수수꽃다리들

 원곡시장에서 어묵 튀기고 김치 치대며 수다 떨기 바쁜 장미꽃들

 대부도 스타벅스의 창가에 앉아 독서하는 소녀 해당화

 안산역 주변을 걸으면서 수리산을 중동으로 옮기려는 개혁자 복숭아꽃

 모두 안산의 꽃들, 엘리 엘리 엘리의 꽃들

3부

먼 바다

먼 아라비아 해 비추며 낙타는 날아오는가
모래바다 출렁출렁 낙타는 북쪽으로 날아가는가
흰옷 입은 여인들의 두만강 강강 강강수월래

성호박물관

아름다운 사람 하나

만나려고

온 지구를 다 돌았다

그 사람이

내 영혼인 줄 알고

만물이 나인 줄 알고

여행이 끝난 오늘,

가만히 날 꼬옥 안아주는

\>

한 영혼이 있다

알락해오라기

안산반월 공단의 자동차 부품 공장에서
일하는 파키스탄인 페살

페살,
네 작업량이 제일 많아

그가 무거운 기계를 들어올리고
유행가를 부르면
공장의 나그네새를
아무도 눈치 채지 못한다

한류바람에
안산노래자랑 대회에서
페살이 트로트를 한곡 뽑을 땐
안산 시민들도 몸을 흔든다

>

안산천의 알락해오가리도

산들바람에 몸을 흔든다

내 영혼아

제 영혼이 안에서 녹아내립니다
어찌하여 저를 잊으셨습니까?

제 영혼이 안에서 신음합니다
어찌하여 저를 버리셨습니까?

너울이 너울을
모랫바람이 모랫바람을
칼바람이 칼바람을
당신께서 불러들인 것들이
모두 저를 관통하고 지나갑니다

내 영혼아, 내 영혼아
용기를 가지고 일어나라

엄마의 먼 길

엄마의 약봉지가 식탁 위에 부풀어 올랐다 결코 녹록하지 않았던 엄마의 삶, 하지만 엄마는 그 먼 길을 잘 걸어왔다 그 길에서 꽃처럼 자애롭고 아름다웠다 다 걷고 나서 그리워지는, 끝내 사라지지 않을 엄마의 먼 길

눈길

 눈 위에 고인 눈발자국, 오래 전부터 북쪽을 걷는 발자국 하나가 거꾸로 걸어 안산의 우리 마을로 들어왔는데, 우리는 그 눈길에 맞는 일을 하려고 그 발자국의 눈길을 굳건히 지켰는데 행복하여라, 마지막 때를 보고 거꾸로 걷는 우리가 당당해지는 결코 사람이 갈라놓을 수 없는, 갈라놓아서는 안 되는 사랑에 맞는 일을 하고 싶어서 온전한 북쪽을 보면서 걷는 우리의 눈길이 있다

4부

최용신 언니의 유언

.

십자가 아래에 나무집, 천곡강습소
흙과 돌을 주워서 지은
이 학교를 어찌하나

언니의 유언
나는 갈지라도 사랑하는 천곡강습소를 영원히 경영하여 주시오
유골을 천곡강습소 부근에 묻어주시오

어찌하나
언니의 제자들의 진로를 어찌하나

어찌하나
어머님을 두고 가니 어찌하나

\>

어찌하나
약혼한 심 군을 두고 죽으면 어찌하나

어찌하나
상록수 그늘의 민족혼을

어찌하나
언니의 마르지 않는 샘을

이제 우리는 어찌하나

샘골강습소

명랑하고 담대한
안산案山의 집
안산한 눈
안산한 이마
안산한 말의
언니가 돌아온 오늘
따스함이 샘솟는 학교에서
안산, 안산하게
사랑 안에서
아이들에게 최선을 이끌어 내는

자애의 빛이 가득한
최용신의 강습소

흙 돌 배

야옹아, 그걸 먹으면 안 돼!
새벽에 산책 나온 할아버지 말씀에도
배고픔에 허겁지겁 먹어버린 공터의
흙과 돌

그걸 먹으면 안 되는데……
지금 배가 아파온다

상록수 푸르른 그 옛날의
천곡강습소로 올라가는 길에
출렁출렁하는 무거운 배
흙 돌 배

대부도 포도밭 이야기

 바닷가 외진 구석의 우리집 포도밭, 새벽에 다녀간 비처럼 바다에 문득 고개를 묻고 돌아보면 모두 어디로 갔을까? 어린시절의 우리집 울타리에 오그리고 앉아 땅 끝까지 순정을 전하는 해당화를 올려다보면 한껏 흙에 기운 빈집을 지탱하는 건 울타리 밖의 들포도

노적봉 둘레길

아빠, 노적봉 산책로는요
온 힘을 다해
자신을 열었다 닫았다 하면서
낡은 지팡이에 의지해서
빈 유모차에 의지해서
소나무에 의지해서
주님에게 의지해서
스스로에게 의지해서
걷는 그린워킹대회 길이에요

아빠가 소나무로 두르고
그 둘레에 금방울, 솔방울을
많이 매달아 주시어
우리가 발걸음을 옮길 때마다
방울방울 소리가 나

안산 안에 울려 들리게 하여
아빠를 그리워하는
따듯한 형제애의 길이에요

독서하는 소녀

밝고 환한 창가에 새가 울고 명랑한 빛이 쏟아진다
노란 리본을 맨 소녀가
　창가에서 책을 펼치고
　숨결이 낮게 낮게 흐르고

까치가 안산안산안산 울고

친구야,
내가 살고 있는 안산과 네가 생각하는 안산은 다르다
오늘도 안산은 천국
독서하는 소녀의 얼굴이 빛나고
푸른 마디마다 장미꽃 피어나고

은행나무가 안산안산안산 리듬을 타고

>
창가에 드리우는 악기가 있기에
중앙역을 만나는 발걸음이 빛나고
소녀는 그렇게 조용하고 평화를 계속 읽고

안산안산안산

기억교실을 뿌듯해하며 성실하게 책 읽는 소녀의 얼굴이 빛나고
자애의 눈빛이 안산을 덮고
우리는
창가에서 책 읽는 소녀를
안다, 안산

소녀가 있기에 우리가 있는
안산, 안다

>
낮은 노적봉폭포에 머무는 물소리도
안산안산안산

물안개 차오르는 기쁨
안산안산안산

대부도에서의 하루

나는 물닭이에요
감성은 예민하고 돈은 없지만
바다는
내 안에 신성이에요

여기 대부도는
사람의 희망의 끝을 본 자들이
제 안에 빛기둥을 세우는 곳이에요

세상에서 버려졌을 때
있는 힘을 다해 날아간 바다에서
눈물로 들린 새벽을 바라보던
열두 살의 그 해 바다처럼

갯지렁이가 꿈틀대는

대부도에서
당신을 바라봅니다

염소를 데리고 미친 듯이
바다로 뛰어든 당신을

우리 영혼이 소용돌이칩니다 겁에 질려
한껏 움츠러드는 몸입니다

바다에서 물의 경계를 응시하는 일
강의 순례를 기록하는 일

몇 천 년을 이어온 우리의 기교를
예수같은 당신이라면
너른 갯벌에 모두 품어놓고

새 신부를 껴안아
달빛에 하나 둘 끼워 넣을 거예요

대부도에 달뜨면
나뭇가지는 새신랑의 슬픔을
투명하게 읽었다는 뜻일까요?
빛과 어둠을 오가는 자의
남루함으로

아직도 눈물겹다는 이야기를
파도처럼 지워낼까요?

바람 속에 뼈를
말려도 좋아,
그러나 영영 바람이 되지는 말아,

>
그런 속삭임에 밀려가는
파도가 되어도
좋을 듯해요 지금은

밤새 물닭의 눈물로
밤새 물닭의 부리로
그리운 강을 뒤적거리며
우리는 어린 시절의 악기를
가만히 꺼내보는 거예요

낡은 집에서 자고
타오르는 아침빛에 깨어나면
우리는 서로의 영혼을
떨며 껴안는 거예요

5부

독서하라

사랑하는 어머님과
오랫동안
이별했다가
다시 만난 것처럼
독서하라*

아름다운 소녀들이
삼삼오오 모여서
읽고 쓰고 토론하기

동네 곳곳에
펼쳐진 책의 향연
성호와 함께 쌓여가는
독서의 기쁨

>
스스로 탐구해서
이룩한 자득自得
푸른 결실을 위해
독서하라

* 성호 이익

성호의 세 가지 바람

안개 낀 아침, 이끼 어린 소나무로
굽이 후미진 성호촌에서
하늘을 우러러 숙여 절하며
내가 바라는 것은

이 세상에 굶는 사람이 없기를

밤이 새도록 달빛을 타고
이리저리 국경을 넘나들며
더 깊게 절하며 바라는 것은

이 세상 모두가 안녕하기를

푸른 붓 끝에 사설을 눌러 쓰며
뿌듯한 마음으로 바라는 것은

\>

모든 방언이 사라지지 않기를

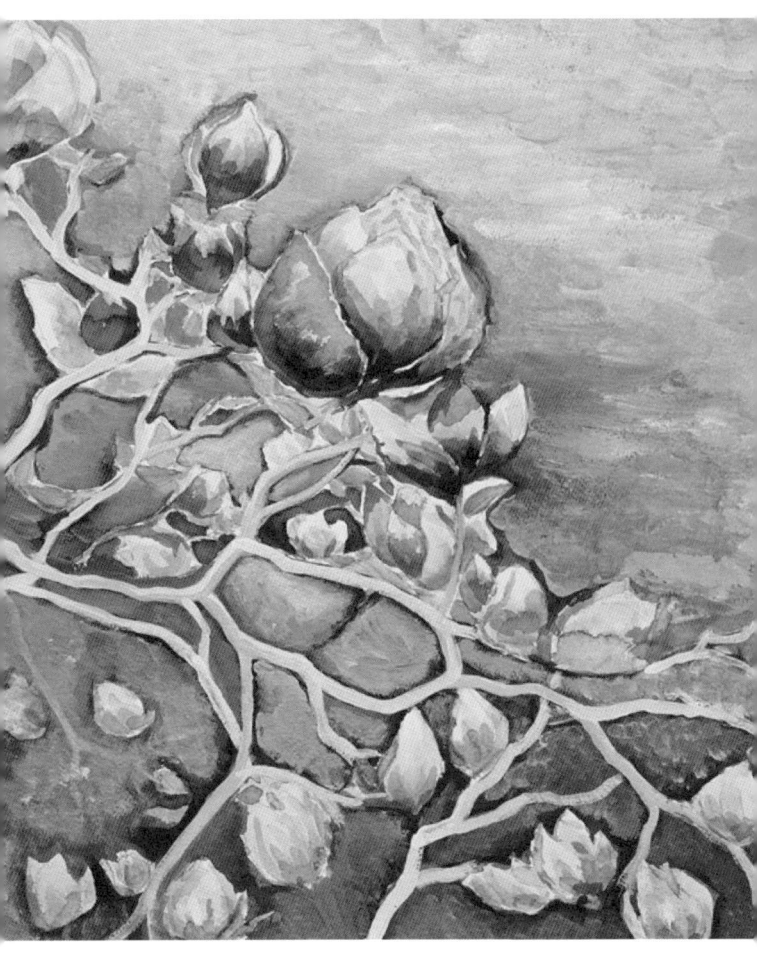

성호의 편지

홍생원,
우리 마을에 전염병이 돌아
거처를 옮겼다가
집에 돌아왔건만
아직도 내 부스럼의 고통이 여전하네
아들 맹휴는 병에 걸려 경황이 없네

이 와중에도 내가 전하고 싶은
한 가지는
병중에도 뜨겁게 살아서
꿈틀거리는 노시인의 소망은
홍생원,
자네 아들이 책 읽는데
힘쓸 것을 말하고 싶네

〉

쉰 목소리나마 꼭 전하고 싶은
한 가지는
젊은이들이 책을 가까이 곁에 두고
읽고 읽는 것이라네

또 읽은 책에 의문을 제기하며
비판하고 또 배운 대로
실천하는 것이라네

홍생원, 자네 아들이
매순간 삶을 다해
책을 읽어서
높은 식견을 갖기 바라네

자애

내가 논어를 읽고 마음으로 얻은 것은 자애의 마음이다*

서해의 해풍과 기름진 황토처럼 자연을 아끼는 너그러운 마음이다

겨울마다 얼어붙은 해빙을 녹이는 햇살처럼 포근한 마음이다

오늘날 안산의 초고층 건물 사이, 지하철, 반월공단, 다문화 거리에서도

숨 막히게 아름다운 것은, 이 노시인이 보는 것은 사람들의 자애로운 마음이다

* 성호 이익 『논어질서』

성호의 기쁨 1*

오늘은 내가
춤추는 아이처럼 흥취가 일어
마을을 거닐다

수리산을 휘감아 흐르는
달빛을 노닐면서
번뇌하는 마음을 베어버렸지

날 푹하니 벌들은 꿀을 모으고
바람 멎자 새들은 편안히 쉬네

옛일은 큰 나무에 남아 있고
신지식은 이서에서 얻게 되누나

오늘은 내가

독서하는 아이처럼 흥취가 일어
맨발로 하늘을 누비다가
우주의 무한한 속삭임을
마음에 새기며 듣다

* 성호 이익의 「흥취가 일어」 오마주

성호의 기쁨 2

내 밥상은 즐겁네
콩으로 죽을 쑤고
콩나물과 된장을
먹으며
내 좋은 사람들과
환담하는 기쁨이라네

성호의 기쁨 3

아, 강의 말
바람의 말
사슴의 말
그 보다 경이로운 말은
길 가다가 뒷골목에서 듣는
사람의 말
대장간에서 일하는 일꾼의
전라도 방언
두부 만드는 여인들의
경상도 방언

이 모든 방언들이
본뜻을 잃지 않기를
천년 동안 그대로 이기를
기쁨으로 바라며

나는 이 말들을 「백언해」에

모아 두려하네

사슴이 뛰노는 숲

벚꽃을 물들이며 따듯해지는

서해를 바라보며

성호의 기쁨 4

달빛 아래를 거닐며
그대를 기다리네

콩 벌레 눈물 따라 들어간
작고 하찮고 보잘것없는
노시인의 걸음으로
나는 기다리네

내 좋은 시인이
점섬, 성호촌에 오기를
기다리네, 이렇게 기다려지는
기쁨을 들어 눈 밝은 달이
길을 열어놓고 있네

어서 오시게, 여기로

강처럼 흘러서
바람처럼 날아와서
독서종자의 젊은이들이 붐비는
점섬을 만들어주시게

나는 기다리네, 꿈에 본
내 좋은 시인이
낡은 가옥의 새 주인이 되고
개혁의 큰 뜻을 펼쳐내기를

다음에 올 안산의 아이들을 위해
나는 기다리네

| 명시감상 |

김은정의 「독서하는 소녀」, 「김홍도미술관에서」에 대하여

반경환 『애지』 주간

반경환 명시감상

— 김은정의 「독서하는 소녀」, 「김홍도미술관에서」
 에 대하여

반경환 『애지』 주간

독서하는 소녀

김은정

밝고 환한 창가에 새가 울고 명랑한 빛이 쏟아진다
노란 리본을 맨 소녀가

창가에서 책을 펼치고
숨결이 낮게 낮게 흐르고

까치가 안산안산안산 울고

친구야,
내가 살고 있는 안산과 네가 생각하는 안산은 다르다

오늘도 안산은 천국
독서하는 소녀의 얼굴이 빛나고
푸른 마디마다 장미꽃 피어나고

은행나무는 안산안산안산 리듬 타고

창가에 드리우는 악기가 있기에
우리의 발걸음이 빛나고

소녀는 그렇게 조용하고 평화를 계속 읽고

안산안산안산

어디에, 구름에 성실하게 책 읽는 소녀의 얼굴이

빛나고

자애의 눈빛이 안산을 덮고

창가에서 책 읽는 소녀를

안다, 안산

소녀가 있기에 우리가 있는

안산, 안다

낮은 노적봉폭포에 머무는 물소리도

안산안산안산

물안개 차오르는 기쁨

안산안산안산

안산은 경기도 서남부에 위치한 중소도시이며, 반월국가산업단지와 시화국가산업단지가 있는 공업도시라고 할 수가 있다. 서북쪽으로는 시흥시가 있고, 동쪽으로는 군포시와 의왕시와 수원시가 있다. 북동쪽으로는 안양시가 있고, 남쪽으로는 화성시, 그리고 서쪽으로는 인천광역시의 옹진군이 있다. "안산, 행복의 미소로 빛나다"는 안산의 브랜드이며, 첨단산업도시와 해양도시, 그리고 문화예술의 도시로서 그 고귀하고 웅장한 꿈을 꾸고 있다고 할 수가 있다.

 우리 인간들은 그 어디에다가 둥지를 틀어야 하는가? 첫 번째는 모두가 다같이 잘 살고 그 어떠한 다툼도 없이 자유와 평화와 행복한 삶을 살 수 있는 곳이지 않으면 안 된다. 두 번째는 천하제일의 명당에서 고귀하고 위대한 인물들이 태어나듯이, 천하제일의 명당은 그 명당에 걸맞게 가장 아름답고 훌륭한 이름을 갖고 있지 않으면 안 된다.

 안산安山—. 편안할 안安자와 묏산山자, 안산은 전형적인 배산임수의 고장이며, 아직은 신흥도시이고 그 모든 것이 부족하지만, 언젠가, 어느 때는 전인류의 스승이 태어나고 "행복의 미소로 빛나"는 도시가 될 수도 있을 것이다. 김은정 시인의 「독서하는 소녀」는 안산시민의 초상이며, 이 세상에서 가장 꿈 많고 행복한 소녀라고 할 수가 있다. 이 세상에서 가장 아름다운 소녀는 누구이고, 이 세상에서 가장 행복한 소녀는 누구인가? 그것은 두말할 것도 없이 '독서하는 소녀'이며, 독서하는 소녀만이 '사람 중의 사람'으로 가장 아름답고 행복하게 피어날 것이다.

밝고 환한 창가에서 새가 울고 명랑한 빛이 쏟아진다. 노란 리본을 맨 소녀가 창가에서 책을 펼치면, 숨결이 낮게 낮게 흐른다. 국태민안國泰民安의 상징인 까치가 "안산안산안산" 하고 새소식을 전해오면, 독서하는 소녀와 하나가 된 시적 화자는 "친구야/ 내가 살고 있는 안산과 네가 생각하는 안산은 다르다"고 그 답신을 보낸다. 독서는 꿈과 희망이고, 독서는 황금옥좌이고 황금왕관이다. 독서는 자유와 평화이고, 독서는 사랑과 우정이다. 독서는 천국이고 붉은 장미꽃이고, 독서는 악기이고 자애의 눈빛이다. 독서하는 소녀는 은행나무처럼 "안산안산안산 리듬을 타고", 독서하는 소녀는 그 자애로운 눈빛으로 "안산안산안산" 하면서 이 세상의 모든 지혜를 노적봉처럼 쌓아 놓는다. 독서하는 소녀가 있어 "안산안산안산" 하고 물안개의 기쁨이 차오르고, 모든 안산 시민의 얼굴이 행복한 미소로 가득차게 된다. 이처럼 독서하는 소녀가 있어 안산은 대한민국의 미래의 꿈과 희망으로 열리지만, 그러나 네가 생각하는 안산은 이 '독서하는 소녀'의 행복을 모르기 때문에, 다만 낯설고 머나먼 고장일 수도 있을 것이다.

김은정 시인의 「독서하는 소녀」는 14연 24행의 짧지 않은 시이지만, 그 리듬감과 내재율이 대단히 아름답고 감미로우며 경쾌하다고 하지 않을 수가 없다. 전형적인 민요조의 3음보를 중심축으로 삼고, 그 옛날의 평시조인 4음보를 결합시켰기 때문일 것이다. "밝고 환한 창가에/ 새가 울고/ 명랑한 빛이 쏟아진다", "까치가/ 안산안산안산/ 울고" 등은 3음보가 될 것이고, "친구야/ 내가 살고 있는 안산과/ 네가 생각하는 안산은/ 다르다", "소녀는 그렇게/ 조용하고/ 평화를/ 계속 읽고"는 4음보가 될 것이다. 외래어나 한자의 표기가 거의 없는 순 우리말은 우리 한국인들의 붉디 붉은 핏줄과 그 숨결과도 같다. 시는 모국어 속에서만 존재할 수가 있고, 그것은 모국어를 떠나서는 살 수가 없는 우리 시인들의 운명과도 같다. 언어 없는 민족은 생명이 없는 민족이며, 이미 숨통이 끊어진 민족과도 같다.

김은정 시인의 「독서하는 소녀」는 김은정 시인이 그의 꿈과 희망으로 쓴 시이며, 그 아름답고 멋진 신세계를 우리 한국어로 창출해낸 시라고 할 수가 있다. 안산은 독서하는 소녀의 신세계이고, 독서하는 소녀는 미래의 우리 한국인들을 생산해낼 어머니이다. 안산, 안산은 천년 은행나무처럼 키가 크고, 안산 안산은 국태민안國泰民安의 까치가 울 듯, 자유와 평화와 행복의 본고장이 된다.

김은정 시인은 「독서하는 소녀」의 연출자이자 안

산의 주인공을 창출해낸 최초의 시인이자 최후의 시인이다. 오늘도, 지금 이 순간에도 김은정 시인은 '안산안산'하고 책을 읽으며, '안산안산'하고 시를 쓰며 행복하게 산다.

독서는 시의 불꽃이고, 우리는 이 시의 불꽃을 통해서 아름답고 멋진 신세계를 창출해낸다.

독서만이 위대하고, 독서만이 또, 위대하다. 독서하는 자는 자기를 사랑하는 자이고, 이 전지전능한 사랑의 힘으로 이 우주를 창출해낼 수가 있다.

김홍도미술관에서

김 은 정

조선에 핀 목화솜이
닥종이가 되어
조선의 예술혼을
조선의 선한 사람들을
금빛 틈새로
보여주는 미술관

그림 신선과
어린아이와
호랑이와 사슴이
즐겁게 춤을 추는 곳

단원을 따라
금강산을 걷는 아랍인
강희언을 따라

비파를 뜯는 사슴을

오래 지켜보면

목화송이, 송이 내려오듯이

안산을 덮는

닥종이의 눈부신 빛

솜이불 같은

닥종이의

자애의 빛

  목화는 아욱목 아욱과에 속하는 비식용 농작물이지만, 비교적 값싼 면제품의 원료이기 때문에 세계에서 가장 중요한 농작물 중의 하나라고 할 수가 있다. 닥나무는 뽕나무과에 속하는 낙엽관목이며, 닥나무의 껍질은 아주 소중한 종이의 원료라고 할 수가 있다. 목화와 닥나무는 우리 인간들의 일상생활에서 아주 소중한 자원이지만, 그러나 상호 연관성은 거의 없다고 할 수가 있다.

만일, 그렇다면 "조선에 핀 목화송이/ 닥종이가 되어/ 조선의 예술혼을/ 조선의 선한 사람들을/ 금빛 틈새로/ 보여주는 미술관"이라는 김은정 시인은 그 무엇을 노래하고 있는 것이란 말인가? 왜냐하면 닥나무에서 목화꽃이 피고, 목화송이 종이가 될 수는 없기 때문이다. 요컨대 "조선에 핀 목화송이/ 닥종이가 되"었다는 것은 닥나무 껍질을 종이로 만드는 과정에서의 '백피白皮'를 뜻하는 것이고, 따라서 "목화송이, 송이"는 "닥종이의 눈부신 빛", 즉, "솜이불 같은/ 닥종이의/ 자애의 빛"으로 승화되고 있는 것이다.

모든 시의 힘은 상상이고, 상상의 세계에서는 그 모든 것이 가능해진다. 닥나무에서 목화송이 피고, 이 목화송이는 우리 인간들의 지혜의 텃밭인 종이가 된다. 김홍도는 조선시대의 대표적인 화가이며, 그의 「단원도」는 "그림 신선과/ 어린아이와/ 호랑이와 사슴이/ 즐겁게 춤을 추는 곳"이라고 할 수가 있다. 단원을 따라 금강산을 걷는 아랍인들도 있고, 강희언을 따라 비파를 뜯는 사슴도 있다. 조선에 핀 목화송이

닥종이가 되고, 조선의 선한 사람들을 통해서 조선의 예술혼을 보여주는 '김홍도미술관'도 김은정 시인의 상상의 세계이고, "목화송이, 송이 내려오듯이/ 안산을 덮는/ 닥종이의 눈부신 빛/ 솜이불 같은/ 닥종이의/ 자애의 빛"도 김은정 시인의 상상의 세계이다.

시와 그림과 음악이 하나가 되는 이상 세계는 예술의 세계이며, 우리 인간들이 가장 행복한 삶을 살 수 있는 곳은 예술의 세계일 수밖에 없다. 시와 그림과 음악이 하나가 되는 세계는 그 어디에도 없지만, 그러나 우리 인간들은 그 이상 세계를 끊임없이 찾아가는 불나방 같은 삶을 살지 않으면 안 된다.

시와 그림과 음악은 아주 중독성이 강하고, 이 중독성의 황홀함에 취한 자는 자기 스스로 모든 것을 다 바쳐 예술품 자체가 된 삶을 산다. "목화송이, 송이 내려오듯이/ 안산을 덮는/ 닥종이의 눈부신 빛"이 그것이 아니라면 무엇이고, 또한, "솜이불 같은/ 닥종이의/ 자애의 빛"이 그것이 아니라면 무엇이란 말인가?

김은정 시인의 「김홍도미술관에서」는 우리 인간들

의 최고의 관심을 불러일으키고 있는데, 왜냐하면 이 세상 그 어디에도 없는 아름다움의 세계이기 때문이다. 아름다움은 모든 삶의 최종적인 목표이고, 가장 순수하고 이상적인 행복의 세계라고 할 수가 있다.

시인은 모든 아름다움의 창조주이며, 예술가 중의 최고의 예술가이다.

김은정

김은정 시인은 경북 경산에서 태어났고, 한서대학교 문예창작학과와 단국대학교 석사과정을 졸업했다. 2015년 『애지』로 등단했고, 시집으로는 『아빠찾기』가 있다.
『독서하는 소녀』는 첫 번째 시집 『아빠찾기』의 존재론적 탐구 이후, 자유와 평화와 사랑의 초석인 이 땅에서의 행복을 연주하고 있다고 할 수가 있다. '안산'은 그의 꿈이고 이상이고, 그 꿈과 이상이 "친구야/ 내가 살고 있는 안산과 네가 생각하는 안산은 다르다/ 오늘도 안산은 천국/ 독서하는 소녀의 얼굴이 빛나고/ 푸른 마디마다 장미꽃 피어나고// 은행나무가 안산안산안산 리듬을 타고"의 「독서하는 소녀」에서처럼, 또는, "목화송이, 송이 내려오듯이/ 안산을 덮는/ 닥종이의 눈부신 빛/ 솜이불 같은/ 닥종이의/ 자애의 빛"(「김홍도미술관에서」)이라는 시구에서처럼 이루지고 있는 것이다.
우리 말과 우리 가락으로 서사시적인 이야기들을 엮어나가면서 그 어느 누구보다도 그의 이웃들과 삶의 터전을 가꾸어 나가는 것이 김은정 시인의 『독서하는 소녀』의 시세계인 것이다.

이메일   eunjung8520@hanmail.net

김은정 시화집

독서하는 소녀

발행	2024년 12월 15일
지은이	김은정
펴낸이	반송림
편집디자인	반송림
펴낸곳	도서출판 지혜, 계간시전문지 애지
기획위원	반경환
주소	34624 대전광역시 동구 태전로 57, 2층도서출판 지혜
전화	042-625-1140
팩스	042-627-1140
전자우편	eji@ji-hye.com
	ejisarang@hanmail.net
애지카페	cafe.daum.net/ejiliterature

ISBN	979-11-5728-561-7 02810
값	10,000원

이 책의 판권은 지은이와 도서출판 지혜에 있습니다.
양측의 서면 동의 없는 무단 전제 및 복제를 금합니다.

* 이 책은 2024년 안산시 장애인문화예술지원기금으로 발간되었습니다.